Alosaurio

Grace Hansen

DINOSAURIOS

Abdo Kids

abdopublishing.com

Published by Abdo Kids, a division of ABDO, P.O. Box 398166, Minneapolis, Minnesota 55439.

Printed in the United States of America, North Mankato, Minnesota.

102017
082018

 THIS BOOK CONTAINS RECYCLED MATERIALS

Spanish Translator: Maria Puchol

Photo Credits: Alamy, Depositphotos Enterprise, Glow Images, iStock, Science Source, Shutterstock, Thinkstock, ©Michael Overton p.21 / CC-BY-SA-2.5

Production Contributors: Teddy Borth, Jennie Forsberg, Grace Hansen

Design Contributors: Dorothy Toth, Laura Mitchell

Publisher's Cataloging in Publication Data

Names: Hansen, Grace, author.

Title: Alosaurio / by Grace Hansen.

Other titles: Allosaurus. Spanish

Description: Minneapolis, Minnesota : Abdo Kids, 2018. | Series: Dinosaurios |
    Includes online resources and index.

Identifiers: LCCN 2017945870 | ISBN 9781532106484 (lib.bdg.) | ISBN 9781532107580 (ebook)

Subjects: LCSH: Allosaurus--Juvenile literature. | Dinosaurs--Behavior--Juvenile literature. |
    Carnivorous animals, Fossil--Juvenile literature. | Spanish language materials--Juvenile literature.

Classification: DDC 567.912--dc23

LC record available at https://lccn.loc.gov/2017945870

Contenido

Alosaurio

El Alosaurio vivió en el
período Jurásico, hace
150 millones de años.

Los Alosaurios eran **terópodos**.

6

Hábitat

Estos dinosaurios vivían en llanuras cerca de ríos y lagos.

Cuerpo

El Alosaurio podía pesar cerca de 3,000 libras (1,360 kg). Podía llegar a crecer más de 30 pies de largo (9.1 m). Y medía entre 15 y 17 pies de alto (4.6 y 5.2 m).

El Alosaurio tenía el cuerpo grueso y robusto con una cola muy larga.

También tenía dos patas muy
fuertes y dos brazos cortos.
Cada brazo terminaba con
tres garras largas.

14

El cuello del Alosaurio no era muy largo pero su cabeza era grande. También tenía dos cuernos encima de los ojos.

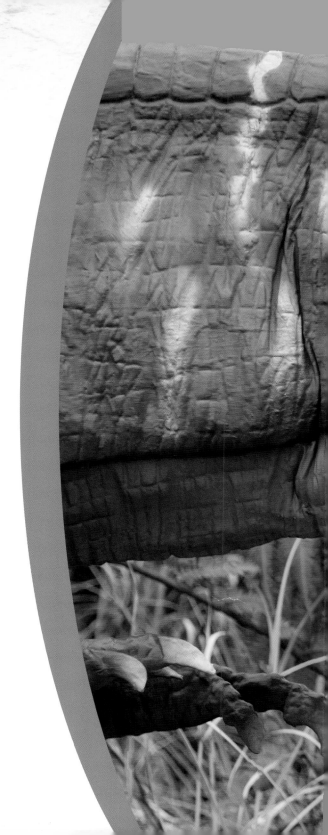

Alimentación

El Alosaurio era carnívoro. ¡Sus dientes eran muy afilados!

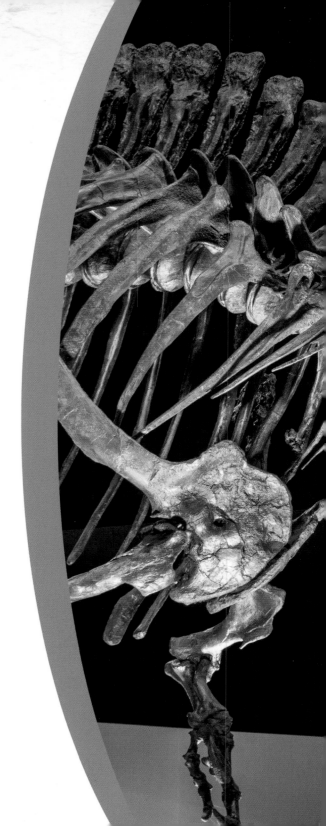

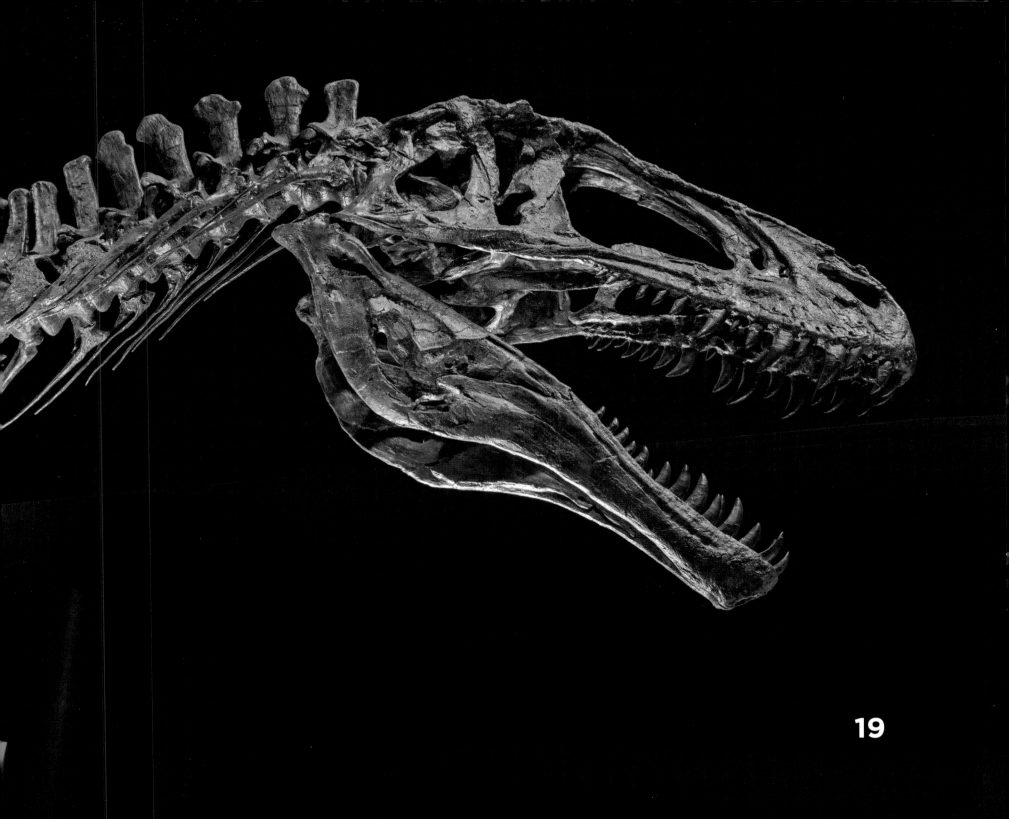

Fósiles

Se han descubierto muchos fósiles de Alosaurios en Utah. La mayoría se encontraron en Wyoming y en Colorado.

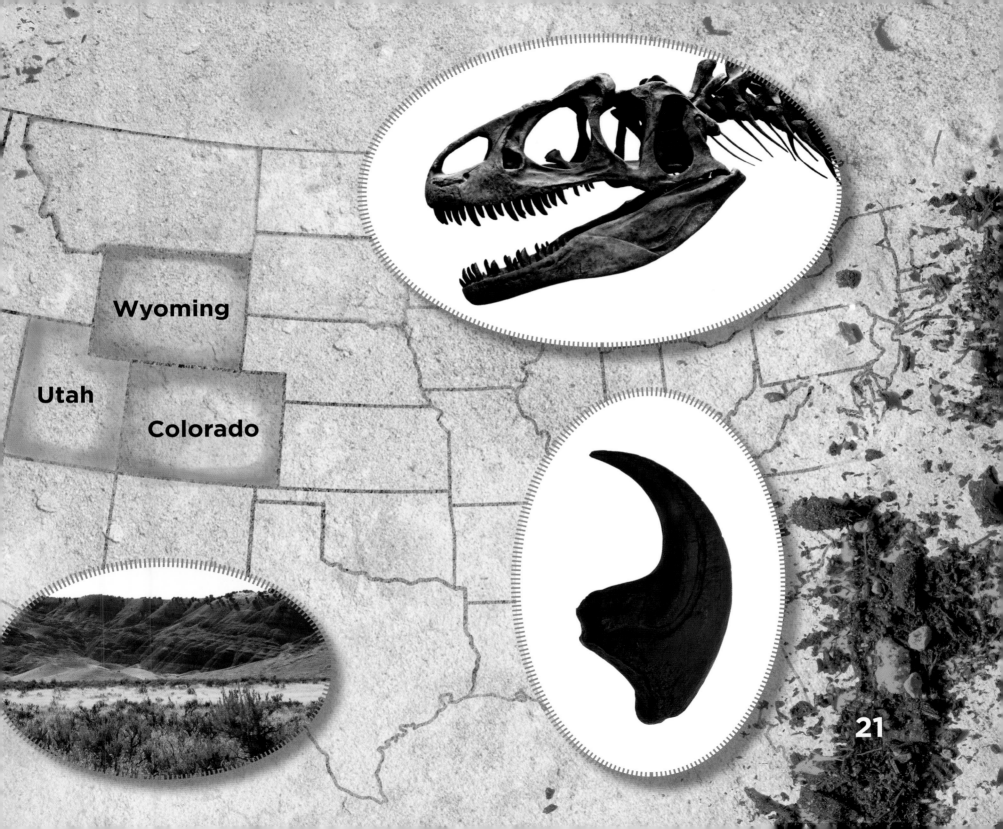

Wyoming

Utah

Colorado

Más datos

- Los Alosaurios llegaban a plena madurez a los 15 años. Los científicos dicen que podrían haber vivido de 25 a 30 años.

- Según los científicos existieron tres especies principales de Alosaurios. La diferencia fundamental era el tamaño.

- Los paleontólogos han encontrado fósiles de Alosaurios con heridas del tamaño y forma de las espinas del Estegosaurio.

Glosario

especie – grupo específico de animales con similitudes entre ellos y capacidad de reproducirse.

fósil – esqueletos o pisadas, es decir, restos o huellas de algo que vivió hace mucho tiempo.

paleontólogo – científico que estudia fósiles.

período Jurásico – nombrado así por las montañas Jura donde se encontraron por primera vez rocas de esta época. Este período fue de frondosas plantas con grandes dinosaurios herbívoros y pequeños dinosaurios carnívoros.

terópodo – tipo de dinosaurio carnívoro de diferentes tamaños, normalmente con dos brazos pequeños.

Índice

Abdo Kids
ONLINE
FREE! ONLINE MULTIMEDIA RESOURCES

¡Visita nuestra página abdokids.com y usa este código para tener acceso a juegos, manualidades, videos y mucho más!

Código Abdo Kids:
DAK0352